NOTICE BIOGRAPHIQUE

SUR

JACQUES – SÉRAPHIN

LANQUETIN

ANCIEN DÉPUTÉ

ANCIEN PRÉSIDENT DE LA COMMISSION MUNICIPALE ET DÉPARTEMENTALE
DE LA SEINE, MEMBRE DU CONSEIL GÉNÉRAL DU DOUBS, OFFICIER DE LA
LÉGION-D'HONNEUR, ETC., ETC.

PAR

ÉDOUARD GIROD

BIBLIOTHÉCAIRE DE LA VILLE DE PONTARLIER

« Transiit benefaciendo ! »

POLIGNY

IMPRIMERIE DE G. MARESCHAL

1870

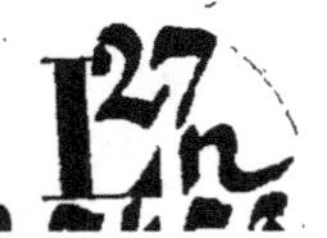

NOTICE BIOGRAPHIQUE

SUR

JACQUES – SÉRAPHIN

LANQUETIN

ANCIEN DÉPUTÉ

ANCIEN PRÉSIDENT DE LA COMMISSION MUNICIPALE ET DÉPARTEMENTALE
DE LA SEINE, MEMBRE DU CONSEIL GÉNÉRAL DU DOUBS, OFFICIER DE LA
LÉGION-D'HONNEUR, ETC., ETC.

PAR

ÉDOUARD GIROD

BIBLIOTHÉCAIRE DE LA VILLE DE PONTARLIER

———

« Transiit benefaciendo ! »

POLIGNY

IMPRIMERIE DE G. MARESCHAL

—

1870

AVIS AU LECTEUR

Les lettres majuscules rencontrées dans le texte, entre deux paren-
thèses, indiquent une note correspondante à la fin de la brochure.

NOTICE BIOGRAPHIQUE

SUR

J.-S. LANQUETIN

———————

« Transiit benefaciendo! »

Notre arrondissement, à bon droit si fier de ses illustrations dans tous les temps, en comptait, parmi nos contemporains, une surtout dont aucune rivalité n'a jamais songé à contester l'éclat. — Ce n'est point seulement nos montagnes, le département du Doubs lui-même, mais la capitale de la France, Paris tout entier, qui rendaient hommage aux mérites, aux vertus du grand citoyen dont nous allons esquisser la vie. Par suite d'une longue et douloureuse maladie, la mort vient de nous l'enlever dans toute la plénitude de ses facultés, à un âge où sa vigoureuse constitution physique nous donnait l'espoir de le conserver quelques années encore.

La nouvelle de cette mort, à peine parvenue télégraphiquement dans notre ville, sur la fin de la journée du 8 décembre, et aussitôt connue de tous côtés, produisait sur chacun la plus douloureuse impression. Répandue le lendemain, jour de foire à Pontarlier, jusque dans les localités les plus éloignées du chef-lieu de l'arrondissement, il est constaté qu'elle prit partout les proportions d'un deuil public. — En effet, quelle famille un peu nombreuse des cantons de Mouthe, et de Pontarlier plus particulièrement, ne compte quelqu'un de ses membres à qui, dans son infatigable dévouement, ce généreux compatriote n'ait prêté le secours de son influence à sa première requête; quelle commune, au sein de nos montagnes, ne lui doit l'obtention d'une faveur, ou une satisfaction donnée à sa juste réclamation en haut lieu? Simple et modeste partout; toujours affable et accessible à tous et à toute heure, il était heureux d'un service à rendre et en recherchait avidement les occasions.

L'un des hommes d'élite attachés à la poursuite incessante du développement des intérêts moraux et matériels de la société, il appartenait à cette pléïade des grands travailleurs de notre époque qui ont exercé sur le mouvement du commerce ou de l'industrie une influence considérable. — En dehors de la part active qu'il prit aux travaux du Corps législatif, on sait, à Paris surtout, quelles améliorations importantes ont été introduites, grâce à son concours et à ses études approfondies, dans les diverses branches de l'administration dont, par la confiance unanime des appréciateurs de son mérite, il fut appelé à s'occuper.

Quel était donc cet homme, que nous verrons d'anciens ministres, des sommités de la magistrature et de la science placer à la tête de leur imposante assemblée, pour s'honorer encore en rendant un pieux et sincère hommage au travail et au talent?

Né au village des Longevilles (Doubs), le 19 juillet 1794, LANQUETIN, Jacques-Séraphin, appartenait à une modeste et patriarcale famille de cultivateurs. Dans les premières années de ce siècle, il vint à Pontarlier, où il reçut une bonne instruction primaire, telle qu'on la dispensait alors dans l'institution assez fréquentée de M. Mathieu, père, dont on se souvient encore. Puis, se perfectionnant lui-même, grâce à ses dispositions intellectuelles peu communes, pendant qu'il s'occupait à grossoyer en l'étude du procureur Tournier, il attendit que l'avenir décidât de sa destinée à cette époque si critique de notre histoire nationale. Il ne prévoyait que trop, en présence des drames sanglants dont le dénouement se jouait sur les champs de bataille de l'Europe, qu'il lui faudrait infailliblement, comme toute la jeunesse valide de sa génération, payer sa dette à la patrie dans les rangs de l'armée. Aussi, fût-ce sans répugnance, avec un élan tout spontané même, qu'avant d'être atteint par la conscription, il entra au service militaire à l'âge de 18 ans.

Il fit les campagnes de 1813 et de 1814. Il abandonna, à la suite des évènements de cette année, la carrière des armes, mais il la reprit volontairement au retour de l'Empereur de l'île d'Elbe, assista, avec le grade d'adjudant, à la bataille de Waterloo, et quitta définitivement l'uniforme sous la seconde Restauration, après le licenciement de l'*Armée de la Loire,* puis rentra dans son village. Peu de temps ensuite, une occasion s'étant offerte à lui de se rendre à Paris, il y débuta par une place des plus modestes dans la profession commerciale, où ses rares capacités lui eurent conquis rapidement une belle position; car, dès 1818, il prenait la direction de la maison de vins en gros si honorablement connue depuis sous la raison sociale de *Lanquetin, oncle et neveu,* quai de Béthune, île Saint-Louis. Cette maison, maintenue constamment au premier rang, a vu de jour en jour croître son crédit et sa prospérité. Elle subsiste toujours avec le même succès et la même considération entre les mains des neveux de M. Lanquetin.

L'honorabilité de son caractère, sa loyauté, sa parfaite intelligence des affaires, lui attirèrent bien vite de nombreuses sympathies. Il s'était ainsi placé presque d'emblée parmi les notabilités de l'industrie parisienne, quand il fut appelé simultanément, en 1834 *(1re élection),* au Conseil municipal et au Conseil général de la Seine. Investi à plusieurs reprises des fonctions électives de secrétaire dans ces deux assemblées, il y déploya un zèle et une activité dont on a peu d'exemples. Ses rapports substantiels et lucides sur les questions les plus importantes et les plus délicates attesteront longtemps sa sollicitude sans bornes pour les intérêts de la ville de Paris et du département de la Seine. — En 1843, d'unanimes suffrages l'appelèrent à la Chambre de commerce de Paris. Il y remplit de 1846 à 1848 les fonctions de trésorier.

En même temps, il consacra ses soins à la surveillance de deux grands établissements : au collége Rollin, dont il fut administrateur pendant douze ans, il provoque des améliorations incessantes; au Conseil du Mont-de-Piété de la capitale, il rend des services signalés, et c'est à son initiative que l'on doit ici la réorganisation du personnel et une économie annuelle de plus de

80,000 francs. L'authenticité de ce chiffre est constatée dans un rapport imprimé que nous possédons à la bibliothèque de Pontarlier, ainsi que tous les divers écrits : *livres,* autres *rapports, mémoires, brochures* relatifs aux administrations différentes auxquelles il a participé, écrits dus pour la plupart à sa plume, et dont il a fait lui-même don à notre ville (A).

Voilà, jusqu'en 1848, quels ont été les titres qui ont valu à Lanquetin la croix de chevalier de la Légion-d'Honneur, en 1832, puis celle d'officier, en 1840, grade auquel il fut promu avec Théodore Jouffroy, cet autre illustre compatriote, du même canton que lui.

Nous allons le trouver dans un autre rôle.

Sans cesser de consacrer toutes les ressources de son intelligence au soin des intérêts dont il a accepté la charge, se souvenant qu'il a été soldat, en présence des périls qui menacent la société, il met au service de la cause de l'ordre son courage et la fermeté de ses convictions.

En 1831, au sac de l'archevêché, il était à la tête de la compagnie de gardes nationaux qui, le 13 février au soir, parvint à en chasser les dévastateurs. Quoique couvert de sang et grièvement blessé à la tête, il les tint à distance toute la nuit. L'archevêché ne fut repris que le lendemain matin.

En juin 1832, il avait concouru, avec la même compagnie qu'il commandait comme capitaine, à la délivrance des autorités municipales du 9ᵉ arrondissement, bloquées à la mairie. Elles lui durent leur salut.

Arrive la révolution de 1848.

En apprenant que les combattants de février viennent de s'emparer de l'Hôtel-de-Ville, Lanquetin quitte les rangs de la garde nationale, dans lesquels il avait passé la nuit à résister au mouvement révolutionnaire, et se rend, à travers la foule armée ivre de son triomphe, à la salle des délibérations du Conseil municipal.

Ici se place une scène palpitante de péripéties où Lanquetin remplit un rôle qui atteint au sublime.

Le peuple vainqueur avait envahi cette salle dont il occupait non-seulement le pourtour, mais encore le second rang des sièges des conseillers.

Lanquetin n'y avait été précédé que par deux de ses collègues. Plusieurs autres, ayant pu recevoir une lettre de convocation, se joignirent successivement à eux.

Les vainqueurs, dans toute l'effervescence de leur animation, exigeaient que le conseil municipal s'emparât de la direction des affaires, et pressaient les membres présents de délibérer immédiatement au milieu même de leurs baïonnettes et du cercle de fer d'armes en tout genre qui les étreignait.

L'un des conseillers, M. Thierry, ayant pris place au fauteuil de la présidence, trois membres de la Chambre des députés pénétrèrent presque aussitôt dans la salle, annonçant que Louis-Philippe venait de signer son abdication et que l'ordre avait été donné aux troupes d'évacuer Paris.

Alors, un homme à longue barbe, bien vêtu, s'exprimant avec facilité, s'écria : « Décrétez l'armement de tous les citoyens va-
« lides; mettez-en accusation Louis-Philippe comme responsa-
« ble du sang versé; condamnez-le à mort, et délibérez sans délai
« sur la forme de gouvernement à adopter. »

Au moment où les mots de *condamnation à mort* furent prononcés, M. Thierry, qui continuait à présider, fit entendre cette courageuse interruption : *Jamais !*

Lanquetin demanda aussitôt la parole.

« Il faut, dit-il, une réponse à la triple motion que vous venez
« d'entendre. Je vais faire cette réponse en mon nom, mais aussi
« avec la conviction de me rendre l'organe de la pensée de mes
« collègues.

« Je dirai, en très-peu de mots, ce qu'on peut et doit attendre
« du Conseil municipal dans les circonstances graves où nous
« sommes. Je dirai d'abord ce qu'il ne *peut pas et ce qu'il ne*
« *veut pas faire.*

« Rendre un décret?

« Il n'a pas qualité pour cela; il n'a, en effet, aucune attri-
« bution législative.

« Formuler une accusation? — Prononcer une condamnation?

« Il me suffira de déclarer qu'il n'a, non plus, aucune attribu-
« tion judiciaire.

« *Le Conseil municipal n'accuse personne; il ne condamne*
« *personne!*

« *Il déplore que le sang ait coulé; — il plaint les victimes,*
« *mais il repousse de toutes ses forces la pensée d'une ven-*
« *geance quelconque.*

« Quant à la troisième proposition,

» Il me semble bien étrange qu'après avoir dénié aux Cham-
« bres, à l'issue de la révolution de 1830, le pouvoir de régler la
« forme du gouvernement, on vienne proposer aujourd'hui, dans
« une circonstance analogue, de faire trancher une question aussi
« capitale, par *quatorze membres* du Conseil municipal de Paris.

« Non, Messieurs, s'il est vrai, comme on nous l'affirme, qu'il
« y ait table rase, *c'est à la France seule, à la France tout en-*
« *tière, mise à même d'émettre librement son opinion, qu'il*
« *appartient de décider qu'elle forme de gouvernement il lui*
« *conviendra d'adopter!....*

« Oui, oui, de toutes parts, bravo ! !

« *C'est juste*, dit un député, *ce sont les vrais principes.*

« Nous ne pouvons faire qu'une chose, reprend Lanquetin :
« c'est, *en l'absence de tout pouvoir régulier*, de porter les faits
« accomplis à la connaissance de nos concitoyens, au moyen
« d'une affiche dans laquelle nous recommanderons le respect
« des propriétés privées et des monuments publics.

« Oui, oui, une proclamation.

Lanquetin et deux de ses collègues, désignés pour rédiger immédiatement cette proclamation, se retirèrent dans le cabinet du
président, où les autres membres les suivirent presque aussitôt
pour la signer.

Ce fut pendant ce temps-là que, sur la proposition d'un citoyen
qui avait pris place au fauteuil du secrétaire du Conseil, la foule
armée qui se pressait de plus en plus dans la salle, et n'en per-
mettait plus l'entrée, proclama M. Garnier-Pagès *Maire de Paris.*

Presque tous les membres du Conseil crurent alors devoir se
retirer et laisser à la nouvelle autorité le soin des mesures à prendre et la responsabilité de ses actes.

Enfin le dévouement de Lanquetin pendant les néfastes journées de juin, a été signalé dans les termes les plus honorables par l'organe officiel du Gouvernement. Il était à cette époque chef de bataillon, et M. Elie Lanquetin, son neveu et son associé, commandait sous ses ordres une compagnie, quand il fut blessé à ses côtés dans l'île Saint-Louis.

Cette même année 1848, appelé à faire partie de la commission municipale de Paris et départementale de la Seine, il fut chargé de plusieurs rapports importants. Il eut notamment à rédiger ceux dont les conséquences furent de faire rapporter les dispositions du décret du 4 juin 1848, par suite desquelles les finances et le crédit de la ville de Paris pouvaient être gravement compromis.

Grâce à un ensemble de mesures de cette nature, dues à l'initiative de Lanquetin et de quelques-uns de ses anciens collègues, l'administration municipale put, quelque temps après, négocier un emprunt de 25 millions de francs, avec 106 francs de prime par 1000 francs, tandis que la rente, sur le Grand-Livre, était encore bien au-dessous du pair.

Dès l'origine de la constitution de la Commission municipale, investi des fonctions laborieuses de secrétaire, il les conserva pendant tout le temps de la présidence de M. François Arago (B).

L'illustre savant ayant donné sa démission pour des raisons de santé, à la fin de 1849, Lanquetin fut appelé à le remplacer, par suite d'une élection d'autant plus flatteuse pour lui, qu'elle eut lieu en son absence.

Surpris, à cent cinquante lieues de Paris, pendant qu'il faisait un voyage dans le Midi, par cette honorable marque de la confiance de ses collègues, Lanquetin se promit de la justifier.

Dans cette haute fonction, il se distingua par une coopération aussi active qu'éclairée, et par une impartialité à laquelle tous les membres de la Commission se plaisaient à rendre justice.

Une longue expérience des affaires, jointe à la fermeté et à l'indépendance de son caractère, et plus encore la haute estime dont l'entouraient ses collègues, le placèrent dans la position la plus avantageuse. — Aussi a-t-il été maintenu à ce poste des plus enviés par *trois nouvelles élections successives*, jusqu'à sa démission.

La présidence du Conseil général de la Seine, dont les séances étaient publiques, lui a été également déférée, *quatre fois successives*, par les suffrages de ses collègues. — Les journaux de toutes les nuances ont parlé avec éloges de l'intelligence et de la dignité avec lesquelles étaient dirigés le travail et les discussions de cette assemblée.

Mais Lanquetin ne se bornait pas à présider les séances générales des deux Conseils. Il suivait avec soin l'ensemble des affaires de la ville et du département (1). Il continuait à prendre la part la plus active à l'étude des plus importantes: en sorte qu'on peut dire qu'il a puissamment contribué à toutes les grandes opérations entreprises pendant près de vingt ans qu'il fut à l'administration municipale et départementale.

Il s'est surtout occupé de tout ce qui avait rapport à la grande voirie, au percement des rues, et le vaste projet des halles fut aussi tout particulièrement l'objet de ses études et de ses préoccupations.

Le plan d'ensemble de l'emplacement des bâtiments en construction et du dégagement de leurs abords est, on peut l'affirmer, entièrement l'œuvre de Lanquetin, car c'est sur ses propres indications qu'il a été dressé par l'habile géomètre en chef du plan de Paris; voici dans quelles circonstances :

Lanquetin avait la présidence du comité chargé de l'étude du projet soumis par l'administration à l'approbation du Conseil municipal, ainsi que de plusieurs autres projets plus ou moins habilement conçus par leurs auteurs.

(1) Celui qui écrit ces lignes ayant eu l'honneur d'approcher M. Lanquetin à cette époque, où il jouit pendant plusieurs mois de sa confiance pour des travaux bureaucratiques intimes, l'a vu à l'œuvre au moins 14 heures sur 24, quotidiennement. La politique, tout absorbante qu'elle était passagèrement alors, n'entravait en rien ses préoccupations des grands intérêts administratifs dont il avait pris la responsabilité avec tant d'abnégation, au milieu de ses vastes affaires commerciales.

Chacun de ces projets, sérieusement étudiés, avait des parti-
sans, mais tous avaient contre eux la majorité. Aucun ne satis-
faisait aussi complètement qu'on devait le désirer aux besoins du
service spécial des halles, moins encore à celui de la circulation
générale, et presque tous présentaient des difficultés d'exécution
ou entraînaient à une dépense trop considérable.

Désespérant de rallier sur l'un de ces projets les opinions qui
se divisaient entre tous, Lanquetin soumit alors à l'administration
et au comité celui qu'il avait conçu et qu'il tenait en réserve.
Dès qu'il en eut expliqué l'économie et fait remarquer que, au
point de vue de l'art, les bâtiments auraient une forme régulière
et symétrique; que leurs dimensions étaient calculées selon les
exigences du service, et que les intérêts de la circulation se trou-
veraient ménagés par un grand espacement des corps de halles,
par de larges abords et par le percement d'une rue nouvelle,
toutes les opinions se rallièrent à ce projet qui, soumis au nom
du comité à la discussion du Conseil en assemblée générale, y
fut adopté à l'unanimité.

Lanquetin ne suivait pas avec moins de zèle les affaires dépar-
tementales. — En 1839, il s'était livré à des recherches et à des
calculs résumés dans un tableau statistique des plus intéressants,
qu'il livra à la publicité. Ce tableau contient entre autres, le chiffre
comparatif de la contribution des portes et fenêtres payée dans
les douze arrondissements de Paris. On voit que cette contribution était de 7 fr. 64 c. par 100 fr. de revenu net dans le douzième
arrondissement, tandis qu'elle n'était que de 2 fr. 49 c. dans les
autres.

Une condamnation aussi péremptoire de la mauvaise assiette
de cette contribution produisit une grande impression, et le Gouvernement comprit alors qu'il y avait à rechercher un meilleur
mode de l'assiette de cet impôt. Mais la difficulté était de trouver
un système qui le rendît à peu près proportionnel au revenu, sans
changer la nature d'un impôt spécial que le Trésor tenait à conserver distinct de l'impôt foncier.

Cette difficulté a été résolue par Lanquetin, ainsi que nous le
trouvons constaté dans un rapport intitulé : *Recueil des procès-*

verbaux de la session de 1850 du Conseil général de la Seine (pages 539 à 544).

Voici le résumé de ce rapport :

« Ce système nous paraît remplir les principales conditions « d'une solution satisfaisante.

« Il conserve l'esprit de la loi du 4 frimaire an VII; il répartit « l'impôt entre les différentes propriétés dans une proportion « convenable avec leur produit locatif;

« Il tient compte du nombre des ouvertures, de leur nature, « de leur exposition, des modifications essentielles de la matière « imposable;

« Il est établi d'après des règles fixes;

« Il conserve au Trésor la garantie des propriétaires et rend « facile, pour ceux-ci, la sous-répartition de l'impôt entre leurs « locataires;

« Il n'offre pas de causes serieuses d'erreurs aux agents de la « répartition, et ne laisse rien à l'arbitraire de leurs apprécia- « tions. »

Toutefois, l'Administration supérieure a trouvé convenable, pour éviter une trop grande transition, de combiner l'application de ce nouveau système avec le maintien d'un droit fixe.

Enfin, dès 1838, Lanquetin, rapporteur du budget départemental, avait signalé dans une délibération de principes fortement motivée, les difficultés que présentait l'application, au département de la Seine, de la loi du 10 mai de la même année, et le préjudice considérable que ce département aurait à en éprouver.

Le Conseil général, dans chacune de ses sessions ultérieures, s'appuyant sur cette délibération, n'a pas cessé de reproduire ses réclamations contre un ordre de choses qui entraînait irrésistiblement le département de la Seine à ne pouvoir équilibrer ses recettes avec ses dépenses.

Le déficit, se grossissant sans cesse, Lanquetin, devenu président du Conseil général, croit devoir signaler cette situation anormale à l'opinion publique. — Il publie, en 1851, une brochure dans laquelle il établit, par une argumentation serrée, que « le « déficit de près de 7 millions dans lequel le département de la

« Seine a été entraîné, résulte exclusivement de l'insuffisance des
« ressources allouées à ce département pour subvenir aux dé-
« penses qui lui sont légalement imposées. »

Puis il ajoute que :

« Il est dès lors impossible qu'un Gouvernement régulier laisse
« ce département en présence d'un pareil déficit, qui *s'accroît*
« *chaque année d'environ un million,* sans réclamer aux
« Chambres les moyens de mettre un terme à un pareil état de
« choses, etc. »

Lanquetin résume, ainsi qu'il suit, l'opinion développée dans
son remarquable travail :

« **Je** maintiens que le déficit du budget départemental de la
« Seine, qui *s'élève à près de sept millions de francs,* à la fin
« de l'exercice courant, ne peut être légalement rejeté ni sur les
« centimes facultatifs, ni sur les centimes spéciaux, et qu'il doit
« être couvert au moyen de ressources à demander aux centimes
« centralisés.

« **J'ajoute** que le département de la Seine est fondé à récla-
« mer en outre le remboursement immédiat du prix de la ces-
« sion par lui faite à l'État de la maison des jeunes détenus ; prix
« qui s'élève, y compris la valeur du mobilier, à *une somme de*
« *1,695,678 francs.*

« **Je** fais observer qu'à défaut de ce remboursement, destiné
« en grande partie à rétablir les crédits ouverts pour les travaux
« du Palais de Justice, on pourra continuer ces travaux, si vive-
« ment et si justement réclamés par les magistrats des différentes
« cours et tribunaux qui siègent dans ce palais.

« **Je** déclare qu'à défaut de promptes mesures prises afin d'ef-
« fectuer le remboursement à l'administration de l'assistance
« publique des avances considérables qui lui sont dues, on s'ex-
« pose à compromettre le service et l'existence des aliénés et des
« enfants trouvés qu'elle a recueillis.

« **Je** rappelle enfin que l'administration départementale et
« l'administration hospitalière n'ont rien laissé ignorer de cette
« intolérable position à l'autorité supérieure ; que le Conseil gé-
« néral n'a cessé de prendre à ce sujet des délibérations par les-

« quelles il réclame justice, et proteste contre la prolongation
« d'un pareil état de choses. »

La presse, qui a rendu compte de cette brochure, n'a pu qu'applaudir aux intentions de l'auteur, ainsi qu'à l'indépendance avec laquelle il avait défendu les intérêts des contribuables.

Si l'on veut enfin avoir une juste idée des services rendus par Lanquetin à l'administration municipale et départementale pendant près de vingt années qu'il s'y est consacré, il faut se rapporter aux regrets manifestés par ses collègues et par la presse, quand il se détermina à résigner ses fonctions de président et de membre de la Commission municipale et départementale, en 1852 (C).

Les sympathies dont il a été l'objet à l'occasion de sa démission ont, en effet, trouvé des échos dans les journaux les plus importants de Paris.

A différentes époques, d'ailleurs, nous voyons la presse parisienne s'occupant de Lanquetin avec un concert unanime d'appréciations des plus honorables pour sa mémoire, quelles que soient les circonstances dans lesquelles il a fixé son attention. — Nous ne saurions passer sous silence, entre autres, les passages suivants d'un article de la *Revue générale.*

« Au mois d'août 1851, — dit cette publication, alors un des organes spéciaux de l'Administration départementale de la Seine, — une grande fête internationale réunit à Paris, avec le Lord-Maire de Londres, les représentants de la société anglaise et des différents peuples qui avaient figuré à l'Exposition universelle de Londres, fête consacrée au triomphe pacifique de l'industrie et du travail dans le monde entier. C'était un évènement unique dans notre histoire. Aussi rencontra-t-il les plus vives sympathies dans toutes les classes de la société parisienne.

« Cette solennité mémorable eut lieu le 3 août à l'Hôtel-de-Ville. Cinq cents invités s'assirent à un banquet splendide, où l'on voyait d'un côté : M. le Préfet de la Seine, ayant à sa droite le Nonce du Pape, et à sa gauche l'Ambassadeur d'Angleterre; en face de lui, M. Dupin, président de l'Assemblée nationale; et à une table parallèle, M. Lanquetin, président de la Commission municipale, ayant à sa droite le Lord-Maire, et à sa gauche le premier Schérif de la Cité.

« M. Lanquetin prononça une remarquable allocution qui fut couverte d'applaudissements, et dont nous regrettons de ne pouvoir citer que les passages suivants :

« .... La présence du Lord-Maire de Londres à l'Hôtel-de-« Ville de Paris n'est pas seulement un fait sans exemple; c'est « un évènement qui fera époque, parce qu'il vient arracher les « dernières racines, parce qu'il vient effacer les dernières traces « des préventions si longtemps entretenues par la guerre et ses « suites entre deux peuples faits pour s'estimer.

« Deux capitales qui sont sœurs par les foyers de lumières « qu'elles renferment, vont désormais continuer leur marche à « la tête de la civilisation, avec d'autant plus de rapidité et de « succès qu'elles seront unies. C'est pour contribuer à cette union « que je viens, au nom de la ville de Paris, vous proposer un « toast au Lord-Maire et à la ville de Londres :

« *Au Lord-Maire, au magistrat municipal si digne, si ré-* « *véré, si puissant pour faire le bien!*

« *A la ville de Londres, à la riche et immense capitale du* « *Royaume-Uni de la Grande-Bretagne!*

« *A la digne et noble rivale de Paris, honneur et grati-* « *tude!* »

La même année 1851, après le coup d'État du 2 décembre, Lanquetin avait dû à la considération générale qui l'entourait, d'être appelé à faire partie de la commission consultative. Il ne déclina pas cette délicate mission, et quoique comprenant toute la portée du grave évènement qui venait de s'accomplir, il s'y associa dans une loyale pensée de *salut public.* Là même, il sut trouver et saisir l'occasion d'exercer *occultement* sa philantropie.

Il venait de donner sa démission des fonctions administratives, lorsque, pour les élections de 1852 au Corps législatif, il posa sa candidature dans la 7e circonscription. — La circulaire qu'il adressait à ses électeurs rappelait les diverses phases de sa carrière, sa part active aux dernières campagnes de l'Empire, et ses travaux comme industriel, comme membre de la Chambre de commerce, du Conseil municipal de Paris et du Conseil général de la Seine.

Il affirmait énergiquement surtout son intention de remplir le mandat de député avec l'entière liberté de conscience que lui laissait l'indépendance de son caractère et de sa position.

La forte majorité obtenue par Lanquetin fut un éclatant hommage rendu à son patriotisme.

Pendant la session législative, il ne tarda pas à se faire remarquer parmi les députés les plus laborieux et les plus éclairés. Honoré de la confiance de ses collègues, il fut appelé à faire partie d'un grand nombre de Commissions dont la présidence lui fut souvent déférée. On recourait plus spécialement à ses lumières dans les questions qui avaient pour objet le contrôle de la gestion et du bon emploi des deniers publics, et il participa notamment aux travaux des Commissions d'examen de lois importantes, parmi lesquelles nous citerons le code de justice militaire. Les rapports qu'il a présentés, les discours qu'il a prononcés, remplissent de belles et nombreuses pages dans les procès-verbaux et comptes-rendus des séances du Corps législatif. Ces documents fort substantiels se prêtent peu à l'analyse que nous en pourrions faire ici. Elle nous entraînerait d'ailleurs au-delà des limites de notre travail.

Après les services de toutes sortes que Lanquetin avait rendus au pays depuis 25 ans, on voit avec surprise, en 1857, la non-réélection d'un homme que son extrême honorabilité recommandait si puissamment à la reconnaissance et à la confiance publiques. Il s'était cependant présenté aux suffrages des électeurs avec une circulaire où il leur exposait simplement et noblement comment il avait compris ses devoirs de député et comment il s'était efforcé de les remplir dignement. Mais le chaleureux et patriotique langage qu'il tenait dans cette circulaire, — plutôt un compte-rendu de ce qu'il avait fait qu'un manifeste de ce qu'il voulait faire encore, — ne l'emporta pas sur les entraves qui furent apportées à son élection par suite de la formation irréfléchie des circonscriptions électorales.

Lanquetin prévoyait bien cet échec, mais il dut s'y exposer et maintenir sa candidature sur les instances de ses amis. — Ce dévouement ne fut pas inutile, puisqu'il permit aux électeurs de la

9ᵐᵉ circonscription qui lui étaient restés unanimement attachés, de réunir leurs suffrages sur leur ancien député. Quelques voix seulement lui manquèrent pour atteindre la majorité, et le nombre de celles qu'il obtint fut supérieur à celui qui avait suffi pour former la majorité dans les autres circonscriptions *intra muros* de Paris. — On sait que son compétiteur nommé fut M. Darimon.

Retiré de la vie publique depuis 1857, Lanquetin s'est exclusivement consacré au bonheur de faire le bien et d'être utile, tout en dirigeant pendant quelques années lui-même, dans le département de Seine-et-Oise, aux environs de Mantes, une vaste exploitation agricole d'une étendue de 1,200 hectares, où subsisteront longtemps les traces des améliorations qu'il y a pratiquées. — Un funeste accident dont il fut la victime dans une chute en voiture, pendant un de ses voyages en Bourgogne, et dont il s'est toujours ressenti, le détermina à abandonner définitivement, vers 1864, ses occupations agronomiques.

Libre à peu près de tous soins, il avait trop le culte du pays natal pour négliger, vers les derniers temps de sa vie, de venir passer les beaux jours dans nos montagnes, où sa présence était saluée par nos populations comme celle d'un père. L'occasion de lui donner un suprême gage des sentiments qu'il inspirait, se présenta dans le renouvellement du mandat d'un Conseiller général pour le canton de Pontarlier. — Lanquetin était en ce moment en villégiature, non loin de notre ville, dans un hameau situé sur les bords du lac de Sᵗ-Point. Il ne s'agissait que de son adhésion pour assurer son élection. Deux jours au plus avant l'ouverture du scrutin, on la lui surprit adroitement par des questions évasives, et le lendemain du vote, le 12 août 1867, quelques-uns de nos concitoyens allaient le frapper d'étonnement, mais en même temps lui causer une bien douce émotion, en lui apprenant sa nomination à une majorité imposante.

Hélas ! cette manifestation si flatteuse des sympathies de nos concitoyens hâta sa fin.... Averti déjà par les symptômes de la cruelle maladie qui vient de nous l'enlever, il sut, avec sa volonté de fer, dominer la souffrance pour accomplir consciencieusement son mandat aux deux sessions du Conseil général (1867-1868). Les séances, comme d'ordinaire, n'y duraient guère moins de 6 heures; de plus, revenu à Pontarlier, il ne recula pas devant les fatigues de plusieurs longues journées passées à la réception des nouvelles constructions de la prison et du tribunal dans cette ville.

Ainsi, sa résolution pourtant bien prise de goûter dans le calme obscur de la vie privée un repos qui lui avait été inconnu jusque là, et dont il avait le plus grand besoin sur la fin d'une carrière si laborieusement parcourue, n'avait donc pu tenir devant l'hommage que ses compatriotes s'étaient fait un devoir de rendre à ses immenses services ! — N'oublions pas toutefois que, le premier mouvement d'effusion de reconnaissance passé dans son cœur sensible et dévoué, Lanquetin ne quitta point sans regret la douce perspective de quiétude qu'il s'était promise, mais, de peur de nous affliger, lui, si bon, il se résigna généreusement à céder aux vœux des populations du canton de Pontarlier.

On sut même, — et plusieurs lettres en font foi, — qu'il déclina depuis la candidature au Corps législatif pour 1869, que lui offrait une grande partie des notables de la 1re circonscription électorale du Doubs. Rien que dans notre arrondissement, il pouvait être assuré de l'immense majorité des suffrages de ses compatriotes, tous ses amis ou ses obligés.

Une session extraordinaire de ce même Conseil général avait été assignée à Besançon pour le 11 janvier 1869 et jours suivants. — Ni l'inclémence de la saison, ni son mal qui s'aggravait, ni les représentations des médecins et de sa famille ne purent l'empêcher de s'y rendre. Là, il fit l'admiration de tous ses collègues, sans les surprendre néanmoins, par l'étendue de ses connaissances administratives, son entente si rare chez nos financiers du maniement des budgets, et la lucidité, l'élégance des termes dans lesquels il traitait des matières d'une semblable aridité, pour un nouveau venu en quelque sorte, sous le poids d'horribles souffrances (1).... C'était le chant du cygne. — Le voyage à Besançon et

(1) Nous tenons ces détails de plusieurs de MM. les membres du Conseil général du Doubs, et notamment de M. l'avocat Patel, père, collègue de M. Lanquetin dans notre arrondissement, pour le canton de Levier. — M. Patel, de même âge que lui, et comme lui, vieux soldat de l'Empire, demeuré conti-

le retour à Paris avaient épuisé ses forces, et, martyr de son dévouement aux intérêts de son pays, il s'étendit sur son lit de douleur qu'il a quitté à peine cet été, sous l'influence de quelques rayons fugitifs d'un soleil régénérateur, pour y attendre, au bout de onze mois, sa fin arrivée le 8 décembre, avant midi.

Il s'est éteint au milieu des membres nombreux de sa famille d'adoption, des enfants de ses frères et sœurs dont la plupart, orphelins dès leur plus tendre jeunesse, appelés auprès de lui, avaient retrouvé dans ses soins paternels ceux des parents dont il leur tenait lieu. S'il a cessé d'exister sans descendants directs auxquels il pût léguer l'héritage de ses vertus, il fut heureux du moins de se sentir revivre en ses neveux et petit-neveu, chez qui ses conseils et son exemple n'ont pas trouvé une terre ingrate.

Terriblement éprouvé dans les plus intimes affections du foyer domestique, par les pertes déjà lointaines de la compagne qu'il s'était choisie et de deux filles enlevées à ses affections dans les premières années de l'existence, il lui avait encore été réservé de voir mourir son véritable fils adoptif, l'aîné de tous ses neveux, son ancien associé, que nous avons vu blessé à ses côtés pendant les journées de juin dans les rangs de la garde nationale.

Formé à l'école de son oncle, M. Elie Lanquetin, depuis 1855 Président de la Commission représentative du commerce en gros des vins et spiritueux de Paris, était, en outre, comme le fut longtemps aussi son oncle, membre de la Chambre de commerce de Paris. Marchant dignement sur les traces de son mentor, il promettait une illustration de plus à nos montagnes et un citoyen éminent à la patrie. Une maladie impitoyable le força d'aller chercher à la combattre sous le ciel du Languedoc, quand il rendit le dernier soupir dans les bras de son beau-père, qui l'avait accompagné, et de son oncle accouru de Paris près de deux mois à l'avance pour l'entourer de tous ses soins jusqu'à la suprême séparation. —

nuellement l'un de ses amis les plus intimes, avait été spécialement chargé avec M. Lanquetin par le Conseil, lors de sa dernière réunion, d'un rapport important sur une question d'utilité publique pour nos montagnes. Ils s'en étaient occupés ensemble avant leur séparation, pendant l'automne de 1868. — C'est pour l'élucidation de ce rapport qu'ils avaient tenu à se rendre à la session extraordinaire du 11 janvier 1869.

Ce fut un coup qui *frappa au cœur* le vénérable vieillard, comme il nous le disait lorsque, soutenu par cette admirable énergie qui ne l'a jamais abandonné, nous le vîmes ramener lui-même, avec la veuve, le fils et le beau-père du défunt, du pied des Pyrénées sur les sommets neigeux de notre Jura, le cercueil de son neveu tant regretté, jaloux qu'il était de ne laisser à personne le soin de le confier, près du village natal, à l'humble cimetière où reposent ignorés leurs ancêtres !

C'était en mars 1866, et de cette époque date plus remarquablement l'altération lentement progressive de la robuste santé de Lanquetin.

A la nouvelle de sa mort, apportée au Conseil municipal et départemental de la Seine au moment d'une réunion de ses membres, dans la journée du 10, sur la proposition de M. Dumas, sénateur, président actuel, la séance fut immédiatement suspendue, et l'assemblée, d'une voix unanime, décida qu'elle se rendrait en corps aux funérailles. — Bien que les dernières volontés du défunt eussent prescrit la plus grande modestie dans cette circonstance, l'affluence aux obsèques fut extraordinaire, et l'on y remarquait les personnages les plus distingués dans toutes les carrières. Le deuil était conduit par les neveux du défunt. Sur la tombe, au Père-Lachaise, où il a voulu reposer auprès de la compagne de sa vie et des êtres chéris qui l'y ont devancé, le discours des derniers adieux fut prononcé par M. Devinck, un de ses anciens collègues, au nom de la Commission municipale de Paris et départementale de la Seine. — C'est l'historique et l'éloge de cette belle existence si bien remplie de notre éminent compatriote pendant plus d'un demi-siècle (D).

Lanquetin était *membre à vie* de notre *Société de secours mutuels,* à laquelle il s'était, dès son organisation, empressé l'un des premiers d'apporter la cotisation fixée pour cette catégorie spéciale. — Membre également du *Comice agricole de Pontarlier,* il contribuait généreusement à augmenter les primes distribuées dans les concours, et, cette année même, il en avait affecté une de 100 francs à titre d'encouragement au cultivateur qui, « par des essais de moyens *nouveaux* et *pratiques*, a pu obtenir récemment des résultats avantageux, constatés à un point de vue agricole quelconque. » — Cette prime a été décernée à Frasne le 21 septembre dernier.

Au courant de tout ce qui se produisait en innovations et en créations utiles, il avait applaudi patriotiquement à l'idée du docteur Bertherand, lorsqu'il fonda la *Société d'agriculture, sciences et arts de Poligny,* sous la présidence du vénérable Constant de Rebecque, et s'était fait inscrire au nombre de ses membres honoraires, en apportant en don la collection de ses ouvrages relatifs à l'économie politique. Sa lettre d'envoi témoigne de l'intérêt qu'il portait à cette institution comme un nouveau mobile d'encouragement à l'amour des lettres et des sciences dans notre Franche-Comté. — Il était aussi membre d'autres Associations littéraires et scientifiques.

Sa perte, si vivement ressentie par toutes les classes de nos populations, y laissera de durables regrets, et son nom, synonyme de toutes les vertus civiques et privées, restera longtemps en honneur dans nos montagnes, où sa terre natale a été privée du précieux dépôt de ses restes mortels. Mais nos enfants, mais leurs descendants, avides et heureux de contempler avec une pieuse vénération son image dans notre Panthéon pontissalien, viendront devant elle s'inspirer de l'exemple du grand citoyen qui, suivant l'expression de M. Devinck, « a donné la preuve de « ce que peuvent la volonté, l'intelligence et le travail unis à une « sévère probité (E). »

Le Bibliothécaire de la ville de Pontarlier,

EDOUARD GIROD.

20 décembre 1869.

NOTES

(A) Homme d'études sérieuses, M. Lanquetin a dirigé ses facultés vers l'examen des plus graves questions économiques. Profondément occupé des intérêts matériels des masses, dans plusieurs ouvrages il éclaire d'un jour nouveau diverses questions se rattachant à l'alimentation.

1° En 1841, il publia sous ce titre : *Études sur les halles*, une brochure fort intéressante, ayant pour objet de résoudre les principales questions que soulevait le projet de création d'une nouvelle halle générale. Il y démontre que cette halle doit être exclusivement affectée à la vente en gros, afin que les approvisionnements soient ensuite reportés à la proximité des consommateurs, dans les marchés des différents quartiers, et que la voie publique puisse être débarrassée des revendeurs qui gênent la circulation.

2° En 1843, l'Administration municipale fit imprimer un autre ouvrage important de M. Lanquetin, écrit en 1839, sous ce titre : *Vues administratives d'ensemble en considération des besoins de l'avenir*. L'auteur y traite avec supériorité les questions suivantes : 1° le système d'amélioration de la grande voirie ; 2° les moyens les plus propres à empêcher que la population riche et le commerce continuent à se porter du centre de Paris à une de ses extrémités ; 3° les moyens par lesquels la prospérité pourrait être rappelée dans quelques quartiers qui offrent le spectacle de la plus hideuse misère.

3° Dans un troisième écrit, intitulé : *Réclamations des Comités vinicoles*, il éclaire l'opinion publique sur les véritables causes de l'état de souffrance des vignobles, cherche à démontrer que les mesures réclamées seraient inefficaces, et indique celles auxquelles on pourrait utilement avoir recours. Il y désirerait que l'impôt sur les vins fût égal pour tous les consommateurs d'une même classe du département; qu'on augmentât à cet effet le droit de circulation, basé sur la quantité, et qu'on diminuât le droit de vente en détail, perçu *ad valorem*; qu'on maintînt le droit d'entrée sauf réduction; qu'on rapportât la loi de juin 1824, permettant de verser de l'alcool sur les vins, et qu'on prescrivît la saisie des vins sur-alcoolisés ou étendus avec de l'eau, comme étant frauduleusement altérés; enfin qu'on remît en vigueur toutes les principales dispositions du décret impérial du 15 décembre 1813, et qu'on les rendît partout applicables.

4° En 1844, M. Lanquetin fit paraître sur *l'Octroi de Paris et sur la falsification des vins*, un quatrième travail d'une haute portée, et qui obtint un grand succès.— Cet ouvrage traite successivement de la falsification, de son importance, de ses causes réelles, des intérêts auxquels elle porte atteinte, et de l'influence que l'octroi de Paris peut exercer sur la consommation et sur le prix des vins. L'auteur estime que le plus sûr moyen de prévenir la falsification des vins serait une nouvelle réglementation du commerce de vins en détail de Paris et dans l'organisation du courtage, en imposant à ceux qui exercent cette profession, la condition de ne jamais s'entremettre dans la vente du vin falsifié.

D'autres brochures sont encore sorties de la plume de M. Lanquetin depuis cette époque jusqu'en 1851, sur diverses questions d'économie administrative. Nous les avons signalées à mesure que l'occasion s'en présentait, dans notre texte biographique. Nous ne parlons que pour mémoire des nombreux et volumineux rapports dans la rédaction desquels il excellait, soit comme Secrétaire ou Président des Conseils municipal et départemental, soit comme député.

(B) Nous relevons sur une copie authentique dont nous avons communication, les extraits du *Registre des procès-verbaux des séances du Conseil municipal de la ville de Paris*, concernant les élections de M. Lanquetin à diverses fonctions dans cette édilité. — Cette pièce, prise sur les registres même, est scellée du timbre sec des armes de la ville de Paris. Nous la faisons suivre d'une autre copie dans le même genre, des extraits du *Registre des procès-verbaux des séances du Conseil général du département de la Seine* (1).

(1) On verra, dans ces deux documents, à quel degré croissant d'estime et de confiance était tenu par ses collègues notre éminent compatriote qui, certes, aurait, sans sa démission, réuni continuellement aux élections suivantes l'unanimité des suffrages.

PRÉFECTURE DU DÉPARTEMENT DE LA SEINE.

Extraits du Registre des procès-verbaux des séances du Conseil municipal de la ville de Paris.

Séance du 5 janvier 1838.

Sont présents : MM. (suivent les noms, parmi lesquels on remarque ceux de MM. Aubé, Galis, Lafaulotte, Lehon, Lavocat, Orfila, Pasquin, Périer, etc.) — Total, trente-deux membres.

Le Conseil procède à l'élection de son Secrétaire. — Vingt-neuf membres sont présents. — M. Lanquetin ayant obtenu vingt-cinq suffrages au premier tour de scrutin, est proclamé *Secrétaire.*

Séance du 4 janvier 1839.

Sont présents : MM. (suivent les noms), parmi lesquels ceux de MM. Arago, Boulay de la Meurthe, Cambacérès, Orfila, Say, Ternaux, Thayer, etc.) — Total, trente-un membres.

Le Conseil procède à l'élection de son Secrétaire. — Vingt-sept membres sont présents. — M. Lanquetin ayant obtenu vingt-trois suffrages au premier tour de scrutin, est proclamé *Secrétaire.*

Séance du 11 juillet 1848.

Sont présents : les citoyens (suivent les noms, parmi lesquels ceux d'Arago, Boulay de la Meurthe, Buchez, Chevalier, Duvergier, Littré, Liouville, Pelouse, H. Say, Ségalas, Thierry, Mortimer-Ternaux, Vavin). Total, trente-deux membres.

Il est procédé à un scrutin de liste pour la nomination de deux secrétaires. — Nombre des votants, trente-deux. — Majorité absolue, dix-sept. — Le citoyen Lanquetin obtient vingt-six voix et est proclamé *Secrétaire.*

Séance du 3 octobre 1849.

Sont présents : MM. (suivent les noms, parmi lesquels ceux de d'Argout, Bixio, Buchez, Bourdon, Peupin, Riant, Ed. Thayer, et d'autres précédemment nommés). Total, vingt-six membres.

Un scrutin de liste est ouvert pour la nomination de deux secrétaires.

— Le nombre des votants est de vingt-quatre, et la majorité absolue de treize.— Au premier tour de vote, M. Lanquetin obtient vingt-quatre voix. Il est proclamé, pendant son absence, lors du scrutin.

Séance du 28 décembre 1849.

Sont présents : MM. (suivent les noms, parmi lesquels, avec ceux déjà nommés, on remarque aussi ceux de MM. Devinck et Tronchon). — Total, trente-un membres.

M. le Préfet donne lecture d'une lettre de M. Arago, par laquelle il envoie sa démission de membre et Président de la Commission municipale. — La Commission procède ensuite par la voie du scrutin à la nomination d'un nouveau Président. — Le dépouillement de ce scrutin donne le résultat suivant : le nombre des votants est de vingt-neuf, la majorité absolue, de quinze.

M. Lanquetin (absent alors de Paris) obtient seize voix.

M. Lanquetin ayant réuni la majorité des suffrages, est proclamé *Président* de la Commission municipale.

Séance du 18 octobre 1850.

Sont présents : MM. (suivent les noms, dont les plus remarquables ont déjà été cités précédemment). — Total, trente membres.

Le scrutin s'ouvre pour la nomination du Président.—Le nombre des votants est de vingt-six, et la majorité absolue de quatorze.

M. Lanquetin obtient vingt-cinq suffrages et est proclamé *Président*.

Séance du 21 novembre 1851.

Sont présents : MM. (suivent les noms, parmi lesquels, avec la plupart de ceux déjà nommés, les noms de MM. Bonjean, Boulatignier, Moreau, Ramont de la Croisette, de Riberolles, G. Thibaut, Wolowski). — Total, vingt-sept membres.

Le scrutin est ouvert pour la nomination du Président. — Le nombre des votants est de vingt-cinq et la majorité absolue de treize.

M. Lanquetin obtient vingt voix. Il est proclamé *Président*.

Séance du 2 janvier 1852.

Sont présents : MM. (suivent les noms, parmi lesquels ceux nouveaux de MM. Ernest André, Boissel, Billaud, Rayvet, Chaix-d'Est-Ange, Eugène Delacroix, Delangle, A.-Firmin Didot, d'Eichtal, de Royer). — Total, trente-quatre membres.

Un premier scrutin est ouvert pour la nomination du Président.— Le nombre des votants est de vingt-neuf, la majorité absolue de quinze.

M. Lanquetin obtient vingt-cinq voix et est proclamé *Président*.

Séance du 14 mai 1852.

Sont présents : MM. (suivent les noms tous connus déjà). — Total, trente-deux membres.

L'ordre du jour appelle la nomination du Président de la Commission, en remplacement de M. Lanquetin, démissionnaire et absent de la séance.

M. Delangle ayant obtenu la majorité des suffrages, est proclamé *Président* de la Commission. Il prend place au fauteuil et s'exprime en ces termes : « Messieurs, Qu'une dernière parole soit pour mon prédécesseur. — Je suis bien sûr d'exprimer le sentiment de tous en dé-
« clarant que la Commission voit avec regret, avec chagrin, s'éloigner
« le Président (M. Lanquetin) qui l'a si longtemps et si habilement di-
« rigée. Il est triste de nous voir privés, par sa démission, de tant d'in-
« telligence et de zèle. »

La Commission toute entière s'associe au sentiment de regret que vient d'exprimer son Président.

Extraits du Registre des procès-verbaux des séances du Conseil général du département de la Seine.

1re Session extraordinaire de 1850.

Séance du 22 février.

Sont présents : MM. (suivent les noms, parmi lesquels on trouve, à peu de chose près, les mêmes que ceux déjà remarqués dans le personnel du Conseil municipal). — Total, quarante membres.

Le scrutin est ouvert pour l'élection du Président. — Le nombre des votants est de trente-six et la majorité absolue de dix-neuf.

Au premier tour de scrutin, M. Lanquetin obtient vingt-quatre voix. Il est proclamé *Président*.

2me Session extraordinaire de 1850.

Séance du 28 juin.

Sont présents : MM. (suivent les noms).—Total, trente-neuf membres.

Le scrutin est ouvert pour la nomination du Président.—Nombre des votants, trente-trois, majorité absolue, dix-sept.

Au premier tour de scrutin, M. Lanquetin obtient vingt-neuf voix et est proclamé *Président*.

Session ordinaire de 1850.

Séance du 25 octobre.

Sont présents : MM. (suivent les noms).— Total, trente-six membres.

Un premier scrutin est ouvert pour la nomination du Président.— Le nombre des votants est de trente-deux et la majorité absolue de dix-sept.

Le résultat de ce scrutin donne vingt-quatre voix à M. Lanquetin, qui est proclamé *Président* de la Commission départementale pour la session de 1850.

Session ordinaire de 1851.

Séance du 25 octobre.

Sont présents : MM. (suivent les noms des membres déjà figurant aux sessions précédentes).— Total, trente-huit membres.

Un premier scrutin est ouvert pour la nomination du Président.— Le nombre des votants est de trente-cinq et la majorité de dix-huit.

Le dépouillement du scrutin donne vingt-neuf voix à M. Lanquetin. Il est proclamé *Président* de la Commission départementale pour la session de 1851.

Pour extraits conformes :

Le Conseiller d'État, Secrétaire général de la Seine,

Signé : Alfred Blanc.

(C) Une feuille occupée particulièrement des intérêts de la ville de Paris, la *Revue municipale*, publiait, le 1er juin 1852, à ce sujet, des détails que nous abrégeons considérablement malgré nous.

M. LANQUETIN. — SA DÉMISSION.

« La population parisienne s'est vivement préoccupée de la démission de l'honorable Président de la Commission municipale.

« Bien que les regrets, exprimés unanimement, fussent autant de témoignages de sympathie pour les services rendus par le Magistrat, cependant il nous a été facile de reconnaître qu'on assignait à cette retraite des motifs étrangers, pour la plupart, à la détermination que devait prendre le digne Conseiller.

« Sans doute, *la démission de M. Lanquetin est un malheur pour la ville de Paris.* — Un magistrat qui, pendant près de vingt années, a participé à toutes les opérations d'une grande Cité, un tel magistrat, disons-nous, lorsqu'il disparaît, laisse un vide que le temps seul peut combler.

« Depuis plus de six mois, M. Lanquetin avait manifesté l'intention de se retirer et de goûter un repos longuement attendu et loyalement gagné.

« Mais dès qu'un grand intérêt municipal allait être débattu, la démission était ajournée à une époque moins exigeante. — Il a fallu qu'une perte douloureuse vint rappeler à M. Lanquetin qu'il avait une famille à protéger et l'avenir de jeunes orphelins à sauvegarder (1).

« La mission de Conseiller, pour qui veut la remplir consciencieusement, exige un rude labeur. — On naît poète, on devient administrateur.

« Elu membre du Conseil municipal de Paris en 1833, M. Lanquetin en fut nommé secrétaire en 1838, et remplaça, en 1849, M. Arago au fauteuil de la présidence de ce Conseil.

« L'élévation de ce magistrat, qui a monté échelon par échelon, doit servir d'exemple et d'encouragement aux ambitions honnêtes qui aspirent à servir utilement leur pays.

. . . .

« L'ancien président de la Commission municipale de Paris était le fils d'un cultivateur de la Franche-Comté. — Il vint à Paris, en 1816, remplir une place de commis, à 600 fr. d'appointements; — son intelligence a fait le reste !

« Lorsqu'on veut apprécier un homme, il faut mettre une branche de compas à son point de départ, l'autre à sa dernière et suprême élévation; on mesure ensuite l'espace qu'il a parcouru. — L'on sait ce qu'il vaut ! »

« Dans presque toutes les questions administratives qui réclamaient de la patience, du travail, un jugement exact et sûr, M. Lanquetin était désigné pour rédiger les rapports, et il s'en acquittait avec une conscience qui restera, nous l'espérons, l'une des bonnes traditions du Conseil municipal de Paris.

« Ainsi, dans la question des halles centrales, dans celles qui concernaient la suppression du péage des ponts, le plan d'ensemble de Paris, l'agrandissement de l'Hôtel-de-Ville, les emprunts successifs, M. Lanquetin a fait briller les lumières d'un talent acquis par de bonnes et solides études administratives.

« Mais c'est surtout après la révolution de février que le Conseiller a rendu à la ville de Paris les services les plus signalés, services qui lui constituent les droits les mieux mérités à la reconnaissance du public parisien.

« Huit mois d'anarchie administrative avaient produit un déficit *avoué* de

____

(1) Dans sa circulaire pour les élections générales au Corps législatif, en 1857, M. Lanquetin explique ainsi les motifs de sa démission :

« .... Permettez-moi, Messieurs, d'ajouter que 18 ans de travaux assidus au Conseil muni-
« cipal de Paris et au Conseil général de la Seine, *dont je n'ai résigné la double présidence*
« *que pour me consacrer entièrement à mon devoir de député*, m'ont mis à même de bien
« connaître nos besoins et nos intérêts locaux, et que j'ai pu aussi m'en occuper utilement au
« Corps législatif. »

37 millions, *en réalité*, de 44 ! — C'en était fait non-seulement de la prospérité financière de la ville, mais encore de cette vieille réputation de fidélité aux engagements, réputation de cinq siècles, qui faisait dire à nos dignes aïeux, aux bons bourgeois de Paris : *Action de la ville vaut titre royal !*

« Les LANQUETIN, les PÉRIER, les GALIS, les RIANT, les TERNAUX et d'autres vieux Conseillers, à force de travail, de persévérance et d'honneur, sauvèrent la ville d'un désastre imminent, d'une banqueroute certaine!

« Après un tel labeur, le repos est permis. — M. Lanquetin se retire.

« Le vendredi 14 mai, la Commission municipale procédait à l'élection d'un Président, et M. DELANGLE (1) était nommé à la presque unanimité des suffrages pour remplacer M. Lanquetin.

« Le nouveau Président rappela, en termes bien sentis, et qui partaient du cœur, les services rendus par son prédécesseur à la ville de Paris, et la Commission tout entière, s'associant à ce témoignage de reconnaissance, demanda que l'expression de ses regrets fût consignée sur les registres du Conseil municipal *(Voir la note B, page 27, séance du 14 mai 1852).*

« Le lendemain, le bureau de la Commission est allé rendre une dernière visite à M. Lanquetin. — Cette démarche, pleine de déférence, honore autant le magistrat qui s'en est rendu digne, que les Conseillers qui ont su remplir ce pieux devoir avec tant de convenances.

« Dans cette entrevue, dans cette réunion pour ainsi dire de famille, M. Lanquetin a fait entendre de bonnes et honnêtes vérités administratives.— Il a donné d'utiles conseils qui laisseront une empreinte sur la route qu'il a tracée pour la marche dans l'avenir de l'administration municipale de la ville de Paris !

. . . .

Louis LAZARE.

(D) PAROLES PRONONCÉES SUR LA TOMBE PAR M. DEVINCK.

Messieurs,

Permettez-moi de vous dire en quelques mots quel fut l'homme à qui nous rendons en ce moment les derniers devoirs.

Lanquetin naquit aux Longevilles (Doubs), en 1794. A dix-huit ans, il s'engageait comme volontaire et faisait les campagnes de 1813, 1814 et 1815; à Waterloo, il était adjudant sous-officier.

En 1816, il vint se fixer à Paris. Il était sans fortune; il entra dans le commerce, où son esprit d'ordre, son travail opiniâtre et sa probité le firent prospérer et ne tardèrent pas à le faire inscrire sur la liste des notables commerçants. Lors des troubles de 1831 et 1832, il se distingua dans les rangs

(1) Par une étrange singularité de la destinée humaine, M. Delangle, qui, au sortir de la présidence où il succéda à M. Lanquetin, avait repris ses fonctions d'avocat général à la cour de cassation, l'a suivi dans la tombe douze jours après. M. Delangle est mort le 18 décembre dernier.

de la garde nationale et fut même blessé en défendant la cause de l'ordre compromise par quelques émeutiers.

En 1834, il fut élu membre du Conseil municipal de Paris, par le 9me arrondissement, sur le territoire duquel il résidait et où il a résidé jusqu'à sa mort.

Dans cette assemblée, dont il a fait partie pendant dix-huit ans, il ne tarda pas à se distinguer par son travail consciencieux ; aussi ses collègues le firent quatorze fois Secrétaire de ce Conseil et quatre fois Président. Il remplit les mêmes fonctions au Conseil général de la Seine.

C'est en souvenir de ses services qu'en apprenant la mort de cet homme de bien, le Conseil municipal, qui se réunissait aujourd'hui, a suspendu sa séance et m'a chargé de parler en son nom sur la tombe de Lanquetin.

Là ne se bornèrent pas ses services. De 1843 à 1848, il fut appelé par les notables commerçants de la Seine à siéger à la Chambre de commerce de Paris. Il fut nommé plusieurs fois Secrétaire-Trésorier. Dans ces fonctions, il rendit au commerce et à l'industrie de réels services par ses lumières, son savoir et son expérience.

Aussi désireux de faire le bien que modeste dans ses habitudes et sa manière de vivre, Lanquetin ne rechercha pas les honneurs ; ils vinrent le trouver, et, en 1840, il fut nommé officier de la Légion-d'Honneur. En 1851, il fit partie de la Commission consultative, et enfin ; en 1852, il fut nommé député du département de la Seine et siégea au Corps législatif jusqu'en 1857.

Ce n'était pas encore assez pour cet homme si fortement trempé : il devait demeurer chargé de défendre l'intérêt public jusqu'à sa dernière heure. Le département où il est né l'a nommé membre de son Conseil général, et c'est encore investi de cette fonction que la mort l'a frappé.

L'affluence considérable qui se presse autour de cette tombe témoigne de l'estime et du respect dont Lanquetin est demeuré environné.

Que son exemple serve de modèle ! il est la preuve de ce *que peuvent la volonté, l'intelligence et le travail unis à une sévère probité.*

Comme complément à ce qui concerne les derniers devoirs rendus à M. Lanquetin sur les bords de la Seine, il nous a paru convenable de placer ici les passages suivants d'un article où un journal de Besançon a résumé par la plume de M. C. Cloutot, vérificateur des Douanes à Pontarlier, les détails recueillis dans différentes feuilles de Paris à ce sujet. Nous abrégeons pour ne pas nous répéter.

« ..... Les funérailles ont eu lieu le 10 décembre, à midi, au milieu d'un immense concours d'assistants, avec tous les honneurs dûs au défunt, tant en raison de son grade d'officier de la Légion-d'Honneur, qu'eu égard aux fonctions éminentes qu'il a occupées. — La troupe de ligne, la garde nationale y avaient fourni, chacune de son côté, une escorte imposante.

« Les plus hauts personnages s'étaient fait un devoir d'accompagner à sa dernière demeure le glorieux enfant de notre pays, que l'on avait vu précédé et suivi sur le siège de la présidence des Conseils municipal de Paris et départemental de la Seine, par deux membres de l'Institut, MM. François Arago et Delangle, de même qu'il a encore aujourd'hui pour successeur un autre illustre membre de l'Institut qu'on remarquait aux obsèques, M. le sénateur Dumas.

« Notre *département* y était représenté : par M. le marquis de Conégliano, chambellan de l'Empereur, ancien député du Doubs, et collègue encore de M. Lanquetin au Conseil général, ainsi que par l'honorable M. Latour-Dumoulin, député du Doubs ;

« Notre *arrondissement* : par son Sous-Préfet, M. Edmond Marulaz, accompagné de M. le général de division, son père.

« Au milieu de la foule des francs-comtois de toutes les conditions, ses amis ou ses obligés, on remarquait surtout un de nos compatriotes bien affectionné de M. Lanquetin, M. Louis Vuillemin (d'Arc-sous-Cicon), l'un des ingénieurs en chef de la Compagnie des chemins de fer de l'Est.

. . . . »

(Courrier franc-comtois du 22 décembre).

(E) La plupart des grands journaux de la capitale, ceux de la province et du département, ont annoncé la mort et rendu compte des obsèques de M. Lanquetin avec plus ou moins de détails. — Les deux feuilles de notre localité ont été les premières à lui consacrer un article nécrologique où sont résumées les principales phases de sa vie si peu connue même parmi ses compatriotes de tous les âges, tant il évitait le bruit et fuyait avec soin les occasions d'attirer sur lui l'attention publique.

Aux différents membres de sa nombreuse parenté, tant à Paris que dans nos montagnes, n'ont pas manqué, leur arrivant de tous côtés, les témoignages les plus sympathiques, non-seulement des amis et obligés de l'honorable défunt, mais encore des personnages les plus haut placés.

Parmi ceux qui émanent de cette dernière catégorie et qui se distinguent par le naturel des sentiments et la touchante sincérité d'un cœur véritablement affecté, il en est un dont son éminent auteur nous pardonnera de donner ici la reproduction, avec l'autorisation de M. le Maire des Longevilles, qui tient à en conserver religieusement le précieux original. Il honore aussi trop la mémoire de M. Lanquetin pour être passé sous silence. C'est la lettre, qu'à la première nouvelle de la mort de notre compatriote, à peine parvenue à Besançon, M. Loiseau, premier Président de la Cour impériale de cette ville et membre du Conseil général pour le canton de Mouthe, s'est empressé d'adresser à M. Constant Lanquetin, neveu du défunt, Maire des Longevilles. Nous ne citerons, au reste, que ce document dans ce genre; il mérite la priorité à tous égards sur ce qui suivra :

« Besançon, 10 décembre 1869.

« Monsieur le Maire et honorable compatriote,

« Ce n'est pas sans un profond sentiment de tristesse que je viens d'apprendre la mort de M. Lanquetin. Je ne puis oublier que dans tout le cours de sa longue et si honorable carrière, M. Lanquetin n'a jamais cessé de donner l'exemple d'un dévouement absolu aux intérêts des habitants de nos montagnes. Cet homme si éminent pour la droiture de son esprit, l'élévation de ses sentiments et l'étendue de ses connaissances, a conservé jusqu'à son dernier jour le culte du pays natal. Son nom était à juste titre vénéré dans le canton de Mouthe; il y laissera un souvenir impérissable et des regrets unanimes.

« Pour moi, Monsieur le Maire, j'ai reçu trop souvent de M. Lanquetin des témoignages d'amitié pour ne pas m'associer à vos regrets, et je vous serai très-obligé de vouloir bien exprimer en mon nom à sa famille et à ses amis toute la part que je prends à leur douleur.

« Veuillez recevoir, Monsieur le Maire, l'expression de mes sentiments bien dévoués.

« *Le premier Président,* LOISEAU. »

Forcé de nous borner aux détails contenus dans les journaux de notre localité en ce qui a trait aux différentes cérémonies qui ont eu lieu dans nos montagnes en l'honneur et à la mémoire de M. Lanquetin, et aux discours prononcés en ces circonstances, nous allons faire simultanément et alternativement des emprunts aux deux feuilles : le *Nouveau Courrier de la Montagne* et le *Journal de Pontarlier.*

« Jeudi 16 décembre courant, a eu lieu aux Longevilles, canton de Mouthe, un service funèbre en l'honneur et à la mémoire de M. Lanquetin, membre du Conseil général du Doubs pour le canton de Pontarlier, ancien Président du Conseil municipal de Paris et du Conseil général de la Seine, ancien député de Paris, où il est décédé le 8 décembre, dans sa 76me année.

« Malgré un temps froid qui faisait pressentir une chute prochaine de neige, quoique ce fût le marché à Pontarlier et que le bruit de cette cérémonie ne se fût répandu que dès l'avant-veille, l'assistance était considérable. On y remarquait une foule de notabilités des cantons de Mouthe et de Pontarlier, la plupart des maires de ces deux cantons et de nombreux fonctionnaires administratifs. Toutes les familles de la vallée de Mouthe y étaient représentées, et notre ville, malgré son éloignement, y avait envoyé un remarquable contingent de ses habitants.

« Le service a eu lieu dans l'église des Longevilles, charmant édifice de style roman, dû pour une partie à la munificence de M. Lanquetin, et pour le surplus à ses soins et à ses démarches.

« (*Nouveau Courrier de la Montagne*, du 25 décembre 1869). »

La perte de l'une des plus grandes et des plus pures illustrations de nos montagnes ne peut manquer d'occuper encore plus d'une fois, dans les journaux du pays, une place que la reconnaissance publique nous blâmerait de mesurer à la mémoire de M. Lanquetin. — Nous ne faillirons point à ce devoir.

Après la cérémonie imposante des Longevilles, dont nous avons parlé dans notre précédent numéro, une autre cérémonie funèbre a été célébrée lundi dernier à Pontarlier. — La *Société de secours mutuels* en avait pris l'initiative plus particulièrement. — Autant qu'ils l'ont pu un jour ouvrable, les membres de cette association, de même que le bureau au grand complet, y ont rigoureusement assisté. D'autre part, on y remarquait toutes les personnes des deux sexes qui pouvaient disposer de leur temps, et surtout quelques représentants des familles, si ce n'étaient ces familles entières (des nombreux obligés et amis du regretté défunt).

Le service religieux comportait toute la pompe que l'on peut déployer dans notre culte en pareille circonstance. A ce sujet, nous devons, au nom de la famille de M. Lanquetin, dont quelques membres, en dépit du mauvais état des chemins et d'une pluie diluvienne, n'avaient pas reculé devant un trajet de 19 kilomètres et plus, afin de se rendre à ce service ; nous devons un témoignage public à M. le curé de Pontarlier pour avoir convoqué dimanche, tant au prône qu'à un office du soir, tous ses paroissiens à la solennité funèbre de lundi.

Nous sommes heureux de pouvoir reproduire ci-après l'allocution touchante, un vrai panégyrique, de M. Nicod, curé de Mouthe, chanoine honoraire du diocèse de Nîmes, prononcée en chaire dans l'église des Longevilles, le 16, et la plus grande partie des paroles non moins bien inspirées que, à la sortie de l'église, M. Colin, juge de paix du canton de Pontarlier, en sa double qualité de président de la *Société de secours mutuels* et de président du *Comice agricole*, a fait entendre près des tombes des parents de M. Lanquetin, aux habitants de son village natal et à l'immense majorité des populations environnantes, en l'honneur du bienfaiteur de ces deux associations.

PANÉGYRIQUE DE M. LANQUETIN,

PAR M. LE CURÉ DE MOUTHE.

Beati mortui qui in Domino moriuntur... opera enim illorum sequuntur illos.

Heureux ceux qui meurent dans le Seigneur... car leurs œuvres les suivent.　　　(APOCAL. 14, 18).

Mes chers Frères,

C'est bien à l'excellent compatriote dont cette paroisse pleure aujourd'hui la perte, que s'appliquent ces paroles touchantes de l'apôtre de la charité. Né au sein d'une famille chrétienne, M. Lanquetin y reçut avec le jour les grâces et les soins qui sanctifient le premier âge et qui préparent celui qui en est l'objet à l'accomplissement des desseins de la Providence. Ces bienfaits divins ont été les germes précieux d'une grande existence; ils ont formé en M. Lanquetin un cœur excellent, une intelligence rare, un caractère supérieur; ils l'ont élevé dans un milieu où la médiocrité ne peut réussir, où le talent réel et la vertu solide peuvent seuls triompher de tous les obstacles, et ouvrir au mérite apprécié une carrière aussi honorable qu'avantageuse.

Vous n'attendez pas que je vous retrace, dans cette circonstance, le tableau complet de la vie et des œuvres multipliées de M. Lanquetin; une parole plus élevée et une plume plus exercée que la mienne sauront mieux remplir une tâche qui est au-dessus de mes forces : Ainsi, je ne vous parlerai pas de ses premières années ensevelies dans l'obscurité, comme celles de chacun de nous, ni de son départ, sous la protection divine, pour la capitale de la France, théâtre ordinairement trop élevé pour la plupart de ceux qui ont la témérité d'y porter leurs pas; je ne vous dirai rien de ses premiers travaux entrepris avec courage, continués avec persévérance et bénis du ciel; je ne le vous montrerai pas s'élevant au-dessus de la foule, distingué bientôt parmi tous par l'aménité de son caractère, l'exquise politesse de ses manières, la sûreté de son commerce et de son amitié, mais surtout par les connaissances étendues qu'il a acquises et par la rare aptitude qu'il a contractée dans le maniement des affaires; je ne vous le représenterai pas entrant dans les conseils de la capitale, y exerçant une influence qui lui en assure bientôt la première place et en fait un des plus grands citoyens de la ville la plus célèbre du monde; je ne vous le dépeindrai pas assis parmi les législateurs de la patrie, se faisant admirer dans une assemblée où dominent les intelligences d'élite, par la sagesse de ses discussions, par la justesse de ses vues et par la sûreté de son jugement. Sans doute, ces rares qualités que M. Lanquetin a su déployer dans toutes les situations que la Providence lui a ménagées, sont dignes de nos respects, de notre admiration et de la reconnaissance publique; mais, à raison de la sainteté du lieu, je ne veux voir, je ne veux louer en notre excellent compatriote que le chrétien sincère et fidèle; je ne veux voir, je ne veux louer que les vertus bien connues qui ont illustré sa carrière et manifesté hautement ses convictions religieuses. A ce point de vue, la vie de M. Lanquetin nous offre un spectacle digne de nos respects et de notre admiration. Je me contenterai d'en choisir quelques traits bien connus qui résument tout l'ensemble de sa vie chrétienne.

M. Lanquetin, qui aimait son pays, son village, ses compatriotes, qui savait se dérober de temps en temps à ses nombreuses occupations pour revoir nos chères montagnes qui élèvent l'esprit vers Dieu, dont elles symbolisent la grandeur, commençait sa visite par le cimetière de la paroisse ; il allait s'age-nouiller au pied du modeste tombeau de son père et de sa mère, il l'arrosait des larmes de sa tendresse, il adressait au Dieu des miséricordes une prière fervente inspirée par la reconnaissance d'un grand cœur. Alors qu'il était penché sur les ruines sacrées du tombeau, il lui semblait entendre la voix de ceux qu'il avait tant aimés ; il les faisait revivre dans ses tendres souve-nirs ; il rétablissait ainsi, autant qu'il était en lui, les liens que la mort avait brisés. Cette visite au tombeau de ses pères, ces larmes, ces prières ne nous disent-elles pas plus éloquemment que tous les discours, quelle était la foi de M. Lanquetin, quelle était sa piété, quelle était l'excellence de son cœur! Le fils qui a perdu la foi et a eu le malheur à jamais déplorable de laisser sombrer sa vertu et ses mœurs dans l'abîme de la corruption, a, par-là même, brisé les liens de la famille dont il ne recherche pas à trouver les traces, ni à faire revivre le souvenir de ses aïeux, et surtout, ce n'est point au milieu des tombeaux qu'on le rencontre.

Pendant les séjours souvent renouvelés que M. Lanquetin a faits au milieu de vous, ne vous a-t-il pas édifiés, pieux habitants des Longevilles, par la régularité qu'il mettait à remplir ses devoirs religieux ? Alors que le di-manche était venu, vous le voyiez, comme le plus modeste des chrétiens, s'a-cheminer vers l'église, se mêler aux groupes des fidèles et venir, avec une simplicité antique, reprendre son ancienne place, comme s'il ne l'eût jamais quittée ; sans doute, vous auriez voulu lui réserver, au milieu de vous, une place de distinction, il la méritait bien, mais son humilité ne lui eût pas permis de l'occuper. Son attitude respectueuse et son recueillement profond disaient à tous les assistants de quels sentiments de piété son âme aimante était pénétrée ; il lisait, avec une attention soutenue, dans le livre que sa pieuse mère lui avait peut-être légué le jour mémorable de sa première communion, l'entretien suivi du saint sacrifice de la messe ; il conservait ainsi les pieuses traditions de sa jeunesse, et, sans ostentation comme sans respect humain, il donnait un bel exemple de la bonne tenue qu'il faut garder dans le lieu saint.

Mais, mes Frères, il est un trait de sa vie religieuse qui me dispense de citer tous les autres, qui, à lui seul, nous dit toute la foi de M. Lanquetin, toute la sincérité de ses convictions religieuses : c'est la grande part qu'il a prise dans la construction de cette magnifique église.

Voulant élever au milieu de cette paroisse un monument digne de sa destinée, il a choisi lui-même l'architecte qui devait en dresser les plans et en diriger l'ordonnance; il a obtenu du gouvernement les plus larges subsides qui, joints aux ressources de la commune, ont permis de construire cette église, laquelle redira à toutes les générations qui se succéderont dans cette contrée, le nom vénéré d'un bienfaiteur à jamais gravé dans les cœurs. Non content de ses générosités personnelles, il a voulu associer à ses bienfaits, pour la décoration du lieu saint, des parents dignes de porter son nom et de partager ses sentiments. N'est-il pas juste, dans cette circonstance solennelle et dans cette église enrichie de ses bienfaits, en présence de ses nombreux amis et de la paroisse assemblée, de rendre un témoignage public à une mémoire chérie? Je me félicite d'être ici l'organe de tous pour payer la dette sacrée de la reconnaissance.

La générosité de M. Lanquetin et son parfait dévouement ne s'arrêtaient pas aux limites de la terre natale, il savait s'en inspirer à l'égard de tous ceux qui recouraient à lui. Quel est celui d'entre nous qui, après avoir sollicité sa bienveillance, n'en ait été accueilli avec un intérêt marqué et un empressement sans égal? Il mettait généreusement au service des malheureux sa légitime influence; il était heureux de pouvoir consoler un affligé et de répandre des bienfaits dans le sein des infortunés.

Me permettrez-vous de me mettre en évidence et de citer, à l'appui de mes paroles, un trait de la sensibilité et de la générosité de M. Lanquetin? Un incendie venait de détruire une grande partie de l'infortuné village de Mouthe; c'était à la fin du mois de septembre; les récoltes étaient sur les greniers, les provisions d'hiver étaient faites, et voilà qu'en quelques heures tout est détruit, tout est anéanti; la population se trouve sans abri et sans ressources. Vous avez été témoins, mes biens chers frères, de ce désolant spectacle; vous avez été vivement touchés de nos malheurs; nous n'oublierons jamais avec quel empressement vous avez volé à notre secours, avec quelle générosité vous nous avez secourus; je suis heureux de saisir cette circonstance pour vour exprimer de nouveau toute la reconnaissance de la paroisse de Mouthe.

M. Lanquetin apprend à Paris la nouvelle de notre désastre, il en est vivement touché; aussitôt, ne prenant conseil que de son cœur, et avec le concours de quelques amis qui partageaient ses sentiments, il ouvre une souscription dans plusieurs grands journaux de la capitale; il fait un chaleureux appel à la charité de ses amis, et par une délicatesse que son cœur sait lui inspirer, il députe un de ses parents pour nous apporter une somme considérable, fruit de sa munificence et des souscriptions qu'il avait recueillies.

Enfin, ce grand homme, ce grand chrétien, voyant la mort s'avancer dans la plénitude de son intelligence et de toutes ses facultés, appelle lui-même la religion qu'il avait toujours aimée pour bénir sa couche funèbre; il se confesse humblement comme ses aïeux s'étaient confessés, il reçoit les derniers sacrements avec la foi et la piété qui caractérisent les anciennes familles de cette contrée : c'est ainsi qu'il termine par une mort chrétienne toute sa vie marquée au coin du dévouement et de la charité la plus expansive. Je puis bien lui appliquer de nouveau les paroles par lesquelles j'ai commencé cette allocution.

Beati mortui qui in Domino moriuntur.... opera enim illorum sequuntur illos.

Heureux ceux qui meurent dans le Seigneur.... car leurs œuvres les suivent. (APOCAL. 14, 18).

— Avant de quitter l'église, on ne saurait se dispenser de rendre témoignage à la parfaite intelligence qui présidait à l'organisation et à l'ordonnance de cette cérémonie funèbre, due à l'initiative de M. Constant Lanquetin, maire des Longevilles, et de M. Adrien, fils de M. Elie Lanquetin, venu exprès de Paris pour assister à ce service : le premier, neveu, le second, petit-neveu de l'illustre défunt, qui déversait particulièrement sur ce dernier, avocat, jeune homme d'avenir et l'un de ses exécuteurs testamentaires, toutes les affections et les espérances qu'il avait vouées à son père, décédé il y a trois ans.

Au devant de l'église, malgré le froid et un temps menaçant, la foule se forma en cercle silencieux autour de M. Colin, dont les paroles, prononcées avec émotion, allaient au cœur de tous ses auditeurs. Nous citons de ce discours ce qu'il contient de plus saillant et de plus touchant en dehors des faits généraux de la vie de M. Lanquetin, déjà relatés dans le texte biographique qui précède, et résumés dans le discours de M. Devinck.

DISCOURS DE M. COLIN.

Messieurs,

La nombreuse assistance arrivée de toutes les parties de la contrée, qui se presse sur ce parvis, la tristesse profonde empreinte sur toutes les physionomies, annoncent qu'une grande catastrophe vient d'affliger notre pays. C'est, en effet, une perte immense s'élevant à la hauteur d'un deuil public, que la mort de cet homme de bien qui, sorti d'une honorable famille de cultivateurs, sut par son intelligence, son travail, sa droiture et la force de sa volonté, atteindre aux plus hautes fonctions de la capitale de la France.

Pendant sa longue existence, hélas! trop courte cependant pour nous tous, loin d'oublier son pays, M. Lanquetin n'était jamais aussi heureux que lorsque, pouvant se soustraire un instant au poids des affaires publiques, il lui était possible de revenir au milieu de ses chères montagnes, serrer la main à ses concitoyens et parler avec eux ce dialecte local qui avait pour lui tant de charmes, parce qu'il rappelait à son souvenir ses débuts dans la vie et les vives amitiés de ses premières années vivifiées par l'absence, au lieu d'être, comme il arrive pour les affections fugitives, affaiblies par elle.

Loin de son pays, c'était encore une grande satisfaction pour lui de s'occuper des intérêts de tous, publics ou privés, car sa grande bienveillance et son prodigieux amour du sol natal lui faisaient mettre à la disposition de ses compatriotes toute l'influence que de hautes positions si dignement remplies lui avaient permis d'acquérir.

Ces sentiments d'abnégation persistèrent chez lui jusqu'à la fin de sa vie, aussi ce grand citoyen, au caractère, aux sentiments plus élevés encore que les hautes fonctions dont il avait été revêtu, lorsque la maladie, l'enserrant de ses funestes étreintes, le mettait dans l'impossibilité de quitter la chambre et même de tenir la plume, gémissait-il de ne plus pouvoir s'occuper des intérêts de ses chers compatriotes et de laisser, sans pouvoir y donner suite, leurs demandes reposer sur son bureau.

Ces constantes préoccupations de la dernière heure vous disent mieux que je ne pourrais l'exprimer, combien fut bon, bienveillant, serviable, celui que nous pleurons ensemble aujourd'hui. Son existence, commencée aux Longevilles le 19 juillet 1794, patrie également de ses contemporains, les généraux Michaud et Vionnet de Maringoné qui, avec lui, illustrent ce beau et grand village, fut une suite d'ascensions rapides et faciles des dégrés de la hiérarchie sociale.

. . . .

Le bruit de la fin de notre illustre compatriote se répandit dans nos contrées avec une prodigieuse rapidité. Tout le monde répétait cette nouvelle la figure contristée, et nous ne serons pas seul à regretter qu'un homme aux sentiments si élevés n'ait pas laissé de descendants pour leur léguer l'héritage de ses vertus; à lui seul, il sera le premier et le dernier de sa race. Néanmoins il a cessé d'exister, heureux de se sentir revivre en ses neveux, dans le cœur et l'esprit desquels ses conseils n'ont pas trouvé une terre inculte, héritiers qui sauront faire renaître en eux les exemples de leur oncle vénéré.

J'ajouterai que M. Lanquetin n'oublia jamais que ses premières années se passèrent au milieu des travaux des champs, car, malgré ses préoccupations administratives, il acquit en 1857, non loin de Paris, un vaste domaine auquel ses connaissances en agriculture, qui embrassaient tous les progrès de cette science qu'il sut faire avancer lui-même, donnèrent une valeur considérable.

Il nous honora même de ses conseils, toujours clairs, toujours précis, fondés sur une pratique expliquée par une saine théorie, lorsqu'il nous remit ou nous envoya, en qualité de président du comice, les dons importants qu'il destinait à l'encouragement des méthodes agricoles nouvelles, mais fructueuses dans nos contrées.

Ses préoccupations au sujet des travailleurs de la terre ne lui firent pas oublier leurs frères des villes. Il savait qu'entre eux tous il y a solidarité, et que si l'homme des champs nourrit l'ouvrier proprement dit, celui-ci à son tour l'abrite, le meuble et l'habille. Aussi, dès la fondation de la Société de secours mutuels de Pontarlier, en fut-il l'un des soutiens et des patrons les plus considérables, en s'y faisant inscrire en qualité de membre honoraire à vie.

Et c'est à l'occasion du double titre de président de ces deux sociétés, dont il suivait les travaux avec tant de sollicitude, que j'ai l'honneur de prendre la parole devant vous, pour apporter à la mémoire de M. Lanquetin le juste tribut de la reconnaissance des cultivateurs et des ouvriers.

D'autres plus autorisés que moi vous rediront plus tard les détails de la vie si bien remplie de cet homme de bien, dont le portrait honorera bientôt la salle des célébrités de notre arrondissement; moi, je ne puis que l'effleurer aujourd'hui et vous en tracer à grands traits les lignes principales.

M. Lanquetin était l'homme de bien dans la plus complète acception de ce mot; celui dont tous les instants ont été consacrés à se sacrifier pour autrui. Il sera pour notre pays l'exemple de ce que peut l'intelligence, le désintéressement, joints à une haute probité et à la persévérance. Il n'attendit pas que la mort lui eût enlevé la détention de ses biens terrestres pour se montrer généreux. Il sut en disposer de son vivant, ce qui double le mérite de ses dons. L'édifice qui vient de nous recevoir et la cloche dont la funèbre harmonie nous a conviés à cette triste cérémonie sont là pour témoigner de sa munificence, de sa foi, de sa piété, dont M. le curé de Mouthe, du haut de la chaire, vient de nous entretenir dans les termes les plus éloquents.

Cette église magnifique perpétuera dans nos montagnes le goût du beau en architecture religieuse; le son de sa cloche vous rappellera chaque jour, habitants de la vallée, le souvenir de M. Lanquetin, et cette prière, grande par sa simplicité même, qu'il vous adressait le 1er août 1855, lors de la cérémonie de la bénédiction de cette cloche, dernier vœu de celui qui n'est plus, que vous ne cesserez d'accomplir, j'en suis certain, et qui vous disait alors : « Permettez-moi d'espérer que quand la mort m'aura fermé les yeux, lors- « que vous entendrez sonner votre cloche *Marie*, vous accorderez un sou- « venir pieux à son parrain, à celui qui fut l'ami de vos pères! »

Je devrais terminer en vous laissant sous l'impression de ces touchantes paroles; mais encore un mot, Messieurs, s'il vous plaît.

Puisque nous n'avons pu honorer d'un dernier regret la tombe elle-même de cet homme vénéré qui a voulu reposer à côté de la compagne de sa vie, sur les rives de la Seine, retirons-nous, emportant son souvenir dans nos cœurs, et que notre calme et notre recueillement témoignent de la profonde affliction que nous ressentons, et qui perpétuera dans le pays la mémoire de celui qui en fut le bienfaiteur et en sera la gloire.

(Journal de Pontarlier).